Johan L. Gritti

**Ein altladinisches Gedicht in oberengadiner Mundart**

Johan L. Gritti

**Ein altladinisches Gedicht in oberengadiner Mundart**

ISBN/EAN: 9783743602625

Hergestellt in Europa, USA, Kanada, Australien, Japan

Cover: Foto ©ninafisch / pixelio.de

Weitere Bücher finden Sie auf **www.hansebooks.com**

# Ein
# Altladinisches Gedicht

in

## Oberengadiner Mundart.

Herausgegeben, übersetzt und erklärt

von

## A. Rochat.

Zürich.
Verlag der Schabelitz'schen Buchhandlung.
(Caesar Schmidt.)
1874.

In einem kleinen Bande, welcher dem Pfarrer Gritti aus Suz gehört hat (ex libris Joannis Gritti zuziensis, 1601), findet sich das von seiner Hand geschriebene, hier abgedruckte Gedicht,[1] dessen Herausgabe, selbst nach den schätzbaren Veröffentlichungen des Herrn Alf. v. Flugi, sich in historischer und noch mehr in sprachlicher Beziehung rechtfertigen lässt, wenn man bedenkt, wie selten die engadinischen Sprachdenkmale aus jener Zeit überhaupt heutzutage geworden sind. Kein Wunder freilich, da nicht bloss zahlreiche Bücher und Handschriften, aus Mangel an Interesse von Seiten ihrer Besitzer, verloren gegangen, sondern auch, wie mir an Ort und Stelle versichert wurde, einfach um damit aufzuräumen, verbrannt worden sind.

Unser Gedicht ist dasjenige, von dem Ernst Lechner sagt (das Thal Bergell s. 54): »In dieser Zeit politischer

---

[1] In demselben Band, nebst zwei andern Gedichten Gritti's, wovon eins hier, Anhang B, abgedruckt ist, steht auch handschriftlich eine italienische Predigt von Jakob Rampo aus Sutz, Gritti's Lehrer, die er am 9. Mai 1623 in der jetzt halbverfallenen Kirche St. Joan bei Celerina vor den flüchtigen Veltliner Protestanten hielt.

Raserei [2] erschreckte wohl der Untergang des zu Bünden (seit 1512) gehörigen reichen Fleckens Plurs die Gemüther, stillte aber den Hader keineswegs. Ein nicht gedrucktes romanisches und in italienischer Uebersetzung vorhandenes Gedicht des engadiner Pfarrers J. Gritti zeigt uns, wie jenes Ereigniss als Gottesgericht geschildert wurde, weil auch in Plurs die Protestanten, die da eine Kirche hatten, verfolgt worden seien (s. Strophe XI. XII); und anderseits werden natürlich die Katholiken von ihrem Standpunkte aus das Unglück in ähnlicher Weise dargestellt haben.« Die italienische Uebersetzung kenne ich nicht, verdanke hingegen der Güte des Herrn J. A. v. Sprecher in Chur die Nachricht, dass ein Gedicht Gritti's über den Untergang von Plurs, offenbar dasselbe, in einem jetzt höchst seltenen fliegenden Blatte mit Holzschnitt um das Jahr 1618 erschienen ist.

Von dem als Uebersetzer des N. Test. bekannten Verfasser weiss man bloss, dass er von 1579 bis 1639 gelebt hat. Rausch sagt über ihn in seiner Gesch. der Litt. des Rhäto-romanischen Volkes (Frankfurt 1870) p. 62: »Joh. L. Gritti, von dessen Leben nichts vermuthet werden kann, als dass er

---

[1] Zu den Religionsstreitigkeiten traten noch die um den Durchpass durch das zu Graubünden gehörige Veltlin, von Mailand und Venedig unterhaltenen Parteiungen hinzu. Spanien, im Besitze von Mailand, wünschte freien Pass nach Oestreich und daher einen Bund mit Graubünden. Die evangelischen Bündner aber, von Frankreich und Venedig aufgeregt, verweigerten ihn. Es wurden daher bald mit Mailand, bald mit Venedig Verträge abgeschlossen, in Folge welcher die jedesmal siegende Partei, in den berüchtigten Strafgerichten zu Chur, Thusis, Ilanz, Davos, ihre Rache auf die grausamste Weise an ihren Gegnern übte (1603—1620). Darauf geschah (1621) die erste Eroberung Bündens durch Oestreich.

um die Mitte des 17. Jahrh. zu den verdienstvollsten rhätischen Pfarrern gehörte, unternahm es, eine der vorgeschrittenen Sprache angemessenere Uebersetzung des N. T. in's Oberengadinische zu liefern, und so mit Biffrun um den Preis zu ringen:[3] ein a priori Beweis für die seltene Entwicklungskraft des Rhätoromanischen. Heutzutage ist freilich Gritti so wenig wie Biffrun, dem Volke geniessbar noch auch immer verständlich.[4] Gritti löste seine schwierige Aufgabe streng und gediegen, indem er unmittelbar aus dem griechischen Urtexte übersetzte.«

Der am 4. Sept. 1618 (nach Gritti 25. Aug.) durch den Sturz des Berges Conti verursachte plötzliche und gänzliche Untergang des Dorfes Plurs unweit Chiavenna, auf dem linken Ufer der Maira, wobei alle Einwohner um's Leben kamen (Gritti hatte zuerst *due milli personas* geschrieben), wird einlässlich beschrieben in Fortunat v. Sprecher's Chronik (aus dem Lat. übersetzt von Conr. v. Mohr, Chur 1857. S. Anhang A). Vulpius aus Fettan, der gegen Ende des 17. Jahrh. eine Chronik im unterengadiner Dialekt verfasste, schliesst seine Darstellung jenes Ereignisses mit folgenden Worten,

---

[3] Die Uebersetzung Gritti's erschien erst nach seinem Tod, 1640, bei Decker in Basel. Biffrun's Uebersetzung wurde, zum ersten Male, 1560 in Poschiavo gedruckt.

[4] Das ist aber jedenfalls kein neuer Fortschritt, denn wenn auch die modernen Dichter zum Theil ihre Sprache vortrefflich zu gebrauchen verstehen, so hat das Volk viele neue Redensarten aus der deutschen Schweiz aufgenommen und eine Menge trefflicher eigener Ausdrücke durch Umschreibungen ersetzt. Im Lautsystem ist übrigens manche Eigenthümlichkeit verloren gegangen und ächtladinische Wörter und Formen sind durch italienische verdrängt worden, was schon in Frizoni's Gedichten auffällt.

welche mit Gritti's Anschauungsweise genau übereinstimmen:
»Quaist ais uschea stat ün grond jüdici e chiastiamaint tramiss
per causa da gronds puchiads chi perpetravan, pustüt superbia
et ogni sort dalets charnals. S'ha pruvà da chiavar oura
rabas, eir avaunt paucs anns, mo ais pauc chiattà. Ais stat
üna maledictiun, chia Dieu nun ha vulü; et ais tuot stat
miss suot l'interdict, chia à Dieu a plaschü uschea, per lur
gronda superbia, dals chiastiar. Vulains ruar al omnipotaint
Segner chia'l ins võglia conservar in gratia e brichia suainter
nos merit, tras J.C nos benedi salvader.«

# ÜNA HISTORIA DA

la schgrischusa ruvina dalg
Vich da Plur, in lg Cuntô da
Clavenna, in las 3 Lijas. S'
chiaunta scô: Dieu ais nous schild
e foarza. Fatta trues me I. G.

(1618.)

## I.

Eau plaundsch à ti ô Segner
Our dalg chiafuol d'meis cour.
D'cridaer num' poass artégner;
Da dir cir zuond am schmour
Dalg grand chiastiamaint.
Tgniain quel bain ad immaint,
Pigliain tuots bain à cour.

## II.

Nus bgers avisamaints
Havains inmünchia di.
Quels nus zuond pôg saegniains,
Tendains à pchiaer pür plü.
Dieu hô in cuort fat vair
Ch'el plü nun pô sustgniair
Noass pchiôs, scô s'veza quì.

## III.

Elg eira in las lijas
Ün loc belg fabrichiô,
Drizô sü cun fadias,
Plur eira quel numnô.
Quel in ruvina ais ieu.
Dieu hô aque vulieu
Per chastiaer noas pchiô.

## I.

Ich klag', o Herr, zu dir
Aus Herzensgrund und weine,
Von Bangigkeit erfüllt,
Sobald ich reden soll
Von jener Züchtigung.
Lasst uns mit ernstem Sinn
In Zukunft sie erwägen.

## II.

Obwohl uns jeder Tag
Auf's Neu' Ermahnung bringt,
So achten wir sie wenig
Und fehlen immer mehr.
Da zeigt auf einmal Gott,
Dass er nicht länger duldet,
Dort sieht man's, uns're Sünden.

## III.

Man hatt' einst in den Bünden,
Mit vieler Müh' und Arbeit,
Ein schönes Dorf erbaut
Und hatt' es Plurs genannt.
Heut ist es ganz zerstört.
Diess ward von Gott verhängt
Als Straf' für uns're Sünde.

## IV.

In lg ann da Christ naschieu
Milli systschient dischdoag,
Lg di zieva san Batrumieu,
Pôg aunz chia s'clôgia noatt,
Ün munt sur lg vich ardaint
Chi ais dandett dô aint,
Hô lg vich zuond miss à fraig.

## V.

Cô sun bain zuond ïeus suot
l'alazs e chiasamaints,
La lgieut e lg muel tuot,
Eir rôba cun bell bains.
Tuots haun stuvieu murir,
Ne haun podieu fügir
Lgieut granda e eir infauns.

## VI.

Intuorn milli persunas,
E sun pôgs plüs ù main,
Sun moartas d'tal fortüna.
Al pchiô tael premgia vain.
O buntadaivel Dieu,
Jüst ais lg jüdici tieu,
Teis placd nun vain alg main.

— 11 —

## IV.

Nach unsers Herrn Geburt,
Tausend sechshundert achtzehn,
Gleich nach Bartholomäi,
Kurz vor der Abendglocke,
Da stürzt' ein Berg zusammen:
Das Dorf lag dicht daran
Und wurde ganz vernichtet.

## V.

Dort sind vergraben worden
Gebäude gross und klein
Und alles Volk und Vieh,
Mit ganzem Hab' und Gut.
Es haben sterben müssen,
Und konnten nicht entfliehen,
Erwachsene so wie Kinder.

## VI.

So fanden tausend Menschen,
Ein tausend ungefähr,
Den Tod an jenem Tag.
Das ist der Sünde Lohn.
Erbarmensvoller Gott,
Gerecht ist dein Gericht,
Dein Wort geht in Erfüllung.

## VII.

Ün loe früttaivel, bun,
Pumpûs, arich et bell,
In tuot lg paiais Grischun
S'chiattaiven pôgs sco quel:
Huoss' ais quel ruvinô,
Cun gianda sutterrô;
Vair plü nun s'pô aquel.

## VIII.

 Üngiün signael tschiert s'vaia
Chia vich cô saia stô;
Chi vis nun hô, nun craia.
O Dieu t'lascha gnir pchiô!
O Dieu, noas Signer chiaer,
Nuns voegliast chiastiaer
Suainter noas vangiô.

## IX.

Que ais tin vair signael
Chia lg di d'Jüdizi vain.
Laschain staer da faer mael,
T'main Dieu e nun falain.
Pigliain quaist bain à cour:
Qualchiossa ston daer our
Per taunt pchiô nus fadschain.

## VII.

Ein stattlich, schönes Dorf,
Durch seinen Handel blühend,
Im ganzen Bündnerland
Man wenig solche traf,
Ist nun zu Grund gegangen,
Bedeckt mit Felsentrümmern
Und nimmermehr zu finden.

## VIII.

Ja nirgends eine Spur,
Dass hier ein Dorf gelegen.
Wer's nicht sah, kann's nicht glauben.
O Gott erbarme dich!
Gott, unser lieber Herr,
Du wollest uns nicht strafen,
So wie wir es verdienen.

## IX.

Es wird uns klar gezeigt,
Bald naht das Weltgericht.
Drum wenden wir vom Bösen
Uns ab und fürchten Gott.
Lasst uns auch wohl bedenken,
Dass etwas muss geschehen,
Da wir so viel gesündigt.

## X.

Superbgia e grandia
Pôg uttz à nus que dô;
Eir fossa idolatria
Dieu à plaschair nun hô.
Sûn se chi memma s'tain,
Quel fô ün mael guadaing;
Que s'hô suvenz pruvô.

## XI.

La cretta reformaeda,
Que ais lg vair placd da Dieu,
Pôg gniva allô saegnaeda;
Pôg quint eir gniva tgnieu
Da quels chi cô preidgiaiven;
Plü bôd ingtlergias ls faiven,
Scô s'hô suvenz udieu.

## XII.

Dieu hô fig adalaed
Chia vegnia giaugias fatt
Da sieu scinchischem placd
Et quel miss in dabatt.
Dieu chttra tuots fideils;
Gnir nun pô ad aquels
Our dalg davair surfatt.

## X.

Hochmuth und Prahlerei,
Die bringen wenig Nutzen;
Auch falscher Götzendienst
Wird nimmer Gott gefallen.
Wer zu viel auf sich hält,
Kann nur dabei verlieren;
Das hat sich oft gezeigt.

## XI.

Der reformirte Glaube,
Das wahre Gotteswort,
War wenig dort geachtet.
Auch schätzte man gering
Die, welche es verkündet;
Sie mussten Schimpf ertragen,
So wurde es oft erzählt.

## XII.

Gott nimmt es übel sehr,
Dass seine heilige Schrift
Verachtet wird und man
Sie zu bestreiten wagt.
Doch er bewahrt die Seinen;
Und nur was er erlaubt,
Darf gegen sie geschehen.

## XIII.

Que chi ais cô dvantô,
A nus pô gratagiaer
Per causa da noas pchiô
Et eir per noas mael faer.
Pertaunt, da pchiaer laschain
Et via à Dieu ns vulvain,
Schi nun pudains falaer.

## XIV.

Quaist eir à cour pigliain:
Pentenzchia fain per temp;
Schi stô noas fat plü bain,
Nun gnins in tael astent.
Nus wsain insainas bgerras:
Comets,[1] rimuors da guerras:
Dieu plü nun voul badent.

## XV.

El hô eir qui davaunt
Gomorrha chiastiô,
Et Sodoma, lg sumgiaunt,
Ais ida suot per lg pchiô.
Eir ôtras terras finas
Sun missas in ruvinas
Per causa da lur pchiô.

## XIII.

Was sich ereignet hat,
Wir könnten's auch erfahren
Um uns'rer Sünden willen
Und un'srer Missethat.
Vermeiden wir das Böse;
Den Blick auf Gott gerichtet,
Kann man nicht irre gehen.

## XIV.

Und wenn wir uns're Fehler
Bei Zeiten noch bereuen,
Dann steht es gut mit uns,
Kein solches Leid mehr droht.
Die Zeichen mangeln nicht:
Kometen, Kriegsgerüchte;
Gott zögert nimmermehr.

## XV.

Er hat die Stadt Gomorrha
Auch ehemals gezüchtigt,
Und Sodom ebenfalls
Zerstört der Sünde wegen.
Auch and're schöne Länder
Sind einst verwüstet worden
Um ihrer Sünden willen.

2

## XVI.

Per taunt da pchiaer laschain,
l'endain alg' placd da Dieu,
Fadschain que chi stô bain,
Ruvain da cour lg filg sieu
Tiers nus ch'el vöglia staer,
Da tuot mael ns parchiiraer:
Que ais lg mégler particu.

## XVII.

Nus chi havain udieu
Et vis lg chiastiamaint,
Ns vulvain da cour tiers Dieu.
T'gniain quaist bain ad immaint:
A Dieu sul dain l'hunur;
El ais lg vair creatur
Da tuot quaist furnimaint.

## XVIII.

El ais sulet patrun
Da tuot quaist crees arduond.
Sur el nun ais üngiün,
Sulet el redscha lg muond.
D'nus pô l' faer que chi lg placsch,
A nus sarà dutsch ù aesch:
Sia ais la foarza zuond.

## XVI.

Lasst uns an Gottes Wort
Fest hangen fürderhin,
Nur thun was billig ist,
Und bitten seinen Sohn,
Dass er uns Beistand leiste,
Vor Uebel uns bewahre;
Das ist die beste Wahl.

## XVII.

Wir, welche diese Strafe
Gesehen und vernommen,
Soll'n kehren uns're Herzen
Zu Gott und nicht vergessen,
Ihn einzig zu verehren.
Er ist der wahre Ursprung
Von Allem was hienieden.

## XVIII.

Er ist alleinig Herr
Vom ganzen Erdenrund,
Und Niemand über ihn;
Regiert die Welt und thut
Mit uns, was ihm beliebt,
Scheint's bitter oder süss;
Die ganze Macht ist sein.

## XIX.

Stain pür nus via à Dieu
Cun vair' amur rantôs;
Schi vain el traes lg filg sieu
Ans pardunaer noass pchiôs.
Scha bain nus indürain
Et in quaist muond stantain.
Darchiô schi gnins à pôs.

## XX.

Nun faer eir tü, O Segner,
Cun nus scô lg maritains;
Voegliast ti' ira artégner;
Ns parchüra, ns fô dalg bain,
Eir plü nuns chiastiaer;
D'que t'voegliast cuntantaer:
Que tuots da cour ruvains.

## XIX.

Lasst uns in wahrer Liebe
Mit Gott verbunden bleiben;
So wird er uns're Sünden
Durch seinen Sohn verzeihen.
Wenn wir auch Müh' und Leid
Auf dieser Welt erfahren,
So kommt doch einst die Ruhe.

## XX.

O handle nicht mit uns,
Herr, wie wir es verdienen;
Halt' ein jetzt deinen Zorn,
Behüt' uns, sei uns gnädig,
Und strafe nimmermehr;
Ein Mal sei dir genug:
Erhöre unser Flehen.

# Erklärungen. [1]

Ich bin nur in zwei Fällen von der Handschrift abge-
wichen: III, 7 *nous pchiô*, statt der Mehrzahl, und im Reime
*seqner* statt *signer*. Die erste Pers. plur. Indic. pr. der
I. Conjug. schreibt Gritti bald mit, bald ohne *s*, ohne den
Reim zu berücksichtigen: XIX, 5, 6; XX, 2, 7, und 4.

---

[1] Was hier über die Lautlehre der Oberengadiner Sprache gesagt
wird, gehörte zu einer Arbeit, die ich über diesen Gegenstand ange-
fangen hatte und von der ein Theil, die betonten Vokale, welche in der
Schrift von Stengel nur kurz behandelt sind, beendet war, als ich
Ascoli's saggi ladini (archivio glottologico ital. I) zur Einsicht bekam.
Gritti's Gedicht bot mir die Gelegenheit, jenen Theil meiner Arbeit zu
benutzen. Die wenigen Wörter oder Formen, bei welchen ich eine
Erläuterung Ascoli's nachträglich aufgenommen habe, sind sorgfältig
angegeben. Der Umstand, dass ich eine sehr lange Zeit zu warten
genöthigt war, ehe mein Schriftchen endlich gedruckt werden konnte, ist
diesem insofern zu Gute gekommen, als ich dadurch die Gelegenheit hatte,
noch die von A. v. Flugi herausgegebenen oberengad. Volkslieder und den
Tobia zu untersuchen. Meine früheren Quellen waren: für das 16. Jahrh.
die Katechismen von Planta 1582 und Papa 1589; (die Vorrede des letz-
tern ist vom 5. Januar 1571, ein Jahr vor Bifrun's Tod) und zum Theil,
der Müsserkrieg (her. von A. v. Flugi) — für das 17. Jahrh. die Psalmen
Wiezel's von 1661 und der Veltlinerkrieg (A. v. Flugi) — für das
18. Jahrh. Frizzoni's Lieder — für die Sprache der Gegenwart, nebst
Pallioppi's Ortografia und Conjug. del Verb, theils seine Gedichte, sowie
diejenigen von Caderas, Caratsch und Conr. v. Flugi; theils die letzte
Uebersetzung des N. T. von Menni. Einiges habe ich auch dem Fögl
d'Engiadina entnommen, und manche Notiz gab mir Herr Emil Pallioppi.

**I, 1, a.**     Die älteste bekannte oberengadinische Form für lat. *e-g-o* ist *êu*, im Müsserkrg. neben *éau*, im Veltlinerkrg. ausschliesslich, und in den Volksliedern sehr häufig gebraucht. Aus *êu* hat sich durch Diphtongirung des *e*, (s. zu VIII, 1; III, 5, 6) *éau* gebildet, aus welchem heutzutage, nach Abfall des *u*, zwei Formen entstanden sind: *êu* und, mit Hiatustilgung, *éja*, wie *uschéja* = *uschéa*. Geschrieben wird indessen stets *eau*.

**b.**     *Plaundsch.* **au** vertritt regelmässig lateinisches betontes *a* vor engadinischem *n* überhaupt: IV, 4; V, 7; XV, 3. (Engad. *a* = lat. *a* in Position und vor *m*, s. II, 4, a). Ausnahmen:

1) vor *nd* (*dsch* hier = gequetschtem *g*).

2) vor *nn:* *ann* IV, 1, *dann*, *ingiann*, ital. inganno; *pann* pannus, *chamanna* Hütte, *channa* Rohr, Dachstroh.

3) in allen Conjugationsendungen auf *an* oder *ans* und im Part. praes. der I. Conj.

4) *chanf* cannabis, *granf* Krampf, auch der Ortsname *S-chanf*. Dieses *nf* lautet übrigens auch *mf*.

5) *Darent* und *daraunt* XV, 1, aber stets *ridaunt* Ps. Tob. = *ridaraunt;* wie *riraunt* auch Ps. und noch heute = *riaraunt* früher, ehemals (Asc. 168). [1]

Im Oberengadin lautet dieser Diphtong jetzt *ae*. [2] Im Münsterthal *au* (fögl d'Eng. 1873 27. Sept.), und ebenfalls im Unterengadin. Auslautendes *n* klingt nach *au* wie *m*, im Oberengadin: *damäm = damaun*, *äm = haun*, *päm = paun*; ein *m* freilich, das von *n* schwer zu unterscheiden ist. Auslautend, *m* für *n* nach *u*, in den Volksliedern sehr häufig; auch *buma = buna;* daher *buman = bun ann* Neujahrstag.

**I, 2, a.**     *Chiafuoll.* Subst. und Adj. — *S-chiafuller* ergründen Pall. Conj., *chinaer* graben. *Ch* wird hier durchgängig, vor *a*, *e*, *o*,

---

[1] Vor *ng* = *gn* II, 4, b, Anm. Dort auch *saench*.

[2] Daher kommt, statt *au*, bisweilen *ai* vor, wie *au* statt *ai* (VII, 3, Anm. 7): *smaincha* von *smancher* P. *aschainta* Ps. V, jetzt *tschaunta* etc. (Ueber *au = a; ae = au*, Schuch. Voc. II, 318—323).

von *i* begleitet, um den diesem *ch* eigenthümlichen gequetsch-
ten Laut zu bezeichnen, eine Schreibung, die heute meistens
aufgegeben ist, da *ch* überall denselben Klang hat: *tgi*.
(Ueber eine ähnliche Erscheinung im Alfranz. s. Germania
VIII, roman. Jahrbuch VI, 115, und Schuchardt: über einige
Fälle bedingten Lautwandels im Churwälschen, Gotha 1870,
p. 19).* Das an- und inlautendes lat. *c* vor Vokalen ver-
tretende *ch* wird auch durch *tsch* IV, 2, VIII, 1, und *dsch*
XVI, 3, ersetzt. Auslautend, auch *tsch*, *dsch*, vertritt es
lat. *c*, *ct*, wenn nicht Assimilation stattfindet (*noatt* IV, 4)
oder *c* abfällt (*lö* locus III, 2): *rich* vicus IV, 5, *dutsch* ducis
= dulcis XVIII, 6. *seinch* XII, 3, *bratsch* etc. Doch wird es,
beides in- und besonders auslautend, häufig durch *g* ersetzt,[1]
so dass in demselben Worte bald *ch* bald *g* geschrieben wird:
*fraig* IV, 7, und *frach*; *oach* und *oag* IV, 2; *pög* und *pöch*
IV, 4 etc. — oder durch *sch* XVIII, 5, 6; *rusch* vocem, *crusch*,
*nusch*, *pesch* pacem, *larsch* laricem,[2] *plaschuir* X, 4; *discha*
decet: als quaels stô e discha da condrizer lg üs dal cate-
chissem (Papa); *desch* decem, *pulschain* pullicenus, *maschdina*
mecidina für medicina.[3]

---

[1] *g* ist Quetschlaut vor *ae*, *e*, *i*, *ö*, *u*.

[2] Obgleich lat. *x* meistens durch *sch* vertreten wird, so können
doch *rusch*, *nusch*, *crusch* nicht = *vox*, *nux*, *crux* sein. S. I, 7, c, d,
und XII, d.

[3] Für auslautendes *ch*, *g*, lat. *c*, *ct*, kommt im 16. Jahrh., und
sogar im 17., oft *ick*, *ck* vor; bei Pl. selten *icg*: *paicg* pactum. Heute
klingt auslautendes *ch*, nach betontem *i*, in einzelnen Wörtern wie
deutsches *ch* und wird mit *h* geschrieben: *spih* Berggipfel (spicum) Pall.
poes., *amih*, *inimih*, *vih* vicus, *covih* Gemeindammann — und wie leises
deutsches *ch*, durch *j* dargestellt: *suj* succus, *plej* plico, *produj* produco,
*lej* lacus, auch *leih*. Dieser Laut ist alt, denn P. Pl. schreiben *craich*
(*craj* von *crajer* credere), wo *ch* unmöglich für *tsch* gelten kann.

**b.** *Ch*, *tsch*, steht natürlich auch für lat. *ti* vor *a*, *o*, *u* = *zi*: *pretsch*, *pentenchia* XIV, 2: hier auch *dsch*: *radschun* Anh. 5, 2: — und *sch*: *cundunaschun*. Daher steht *ch* auch für lat. *ti*, nach Ausfall des *c*, in *mascher* masti-c-are, jetzt allgemein *mas-cher* geschrieben = *maschtscher*: denn wenn auch oberengad. *s* vor allen Consonanten wie *sch* lautet, so doch vor *ch* nur dann wenn dieses *s* auf ein lateinisches oder italienisches *s* zurückgeführt werden kann. [1]

**c.** *Ch*, *tsch*, vertritt endlich lat. *qu* = *k*, in *chi* qui, *che* quid, *cha* quam, *tschinch* quinque; *latsch* und *alatsch*, *aluch*, früher *alaig* Bündniss, Ehe (laqueus) [5]; *stortscher* torquere, *alch* aliquid; — als *sch* in *consch* coquo.

**d.** Die Formen *meis*, *teis*, *seis* masc. sing. (veraltet) und plur.: *mieu*, *tieu*, *sieu* masc. sing.; *mieus* etc. für die Mehrzahl, werden sowohl mit als auch ohne Artikel gebraucht VI, 6. 7. XII, 3. XVI. 4. Ebenso *mia*, *ta*, *sa*; *mia*, *tia*, *sia*; *mias* etc. für die Mehrzahl; *nous*, *vous* masc. sing. und plur. (Gritti unterscheidet zwischen *nous* sg. und *nouss* pl. II, 7: XIII, 3. 4; XIX, 4): *nossa*, *vossa* fem.; *nossas* etc. Die Stellung des Artikels ist auch beliebig: *tieu fily*, *ily t. f.* oder *ily f. t.* Im 16. Jahrh. bei P. Pl. gelten *nöss*, *vöss* für die absolute Form.

---

[1] Darüber, dass nicht lat. *tc* in den romanischen Sprachen einen Quetschlaut oder franz. *ch. g.* hervorgebracht hat, sondern *ti* vor dem *c*, und mit Ausfall des letztern, s. die treffliche Bemerkung Ascoli's p. 77.

Ueber die Ableitung *aticus*, wofür im 16. Jahrh. auch *aick* geschrieben wurde, s. II, 4, Anm. 3.

In den Wörtern auf *itium*, *icium*, wird lat. *ti*, *ci*, zu *z*: *servizi*. *vez* vitium, *cupez* convicium? bei Pl: et *uis* cupetz *appalais* quaunta pochia cugnioschijntschu *saja* intrauuter lg poevel *arischeda*.

Die Endung *oz* s. unter I, 7, g.

*Ch. tsch*, steht natürlich auch oft fälschlich in manchen Wörtern für *g. dsch*.

[5] Surselv. *letg* von *legem*; in *alaig* ist *ig* = *dsch*.

Der Infinitiv *tёgner*, für das regelmässige *tgnair*, kommt I, 3.
früher überall vor. Bei den neuern Schriftstellern nur noch
im Reime.

*Zuond* ist wohl vom schweizerischen *dunder* abzuleiten. I, 4,
Man findet im Surselvischen *zund muss* = *dundermässig*; **a.**
auch bedeutet ebenda *zundrar* fluchen: *zundrar a schmaladire*
fluchen und lästern (St. Gabriel).

Unter den enclitischen obj. Formen des persönlichen Für- **b.**
worts *am*, *at*, *ans*, XIX, 4, *us* (sich, euch), *il*, *al* Acc. und
Dat. sing. masc. (im Veltlkr. *al* für den Acc. wie Tob. 113),
*la* Subj. und Obj. sing. fem.; *ils*, *als* und *las* für die Mehrzahl,
entsprechen die 4 ersten den catalanischen *em*, *et*, *ens*, *es*.[1]
Die Anlehnung des persönlichen Fürworts ist hier viel freier
als selbst im Altprovenzalischen, in dem sie auch an einen
Consonanten stattfindet.

Die verkürzten Formen lauten: I. Person sing. Obj. *m*
(statt *mmm* wird *mm* geschrieben I, 3).* Plur. Subj. Obj. *ns*
XVI, 6; — II. Person sing. Subj. Obj. *t* VIII, 4. Plur. Subj.
Obj. *s*: *ras Dien chi tmais, sün el chi's dò agüd, s'fidè dal*
*tuot* Ps. — III. Person masc. sing. Subj. Obj. *l* XVIII, 5.[2]
Plur. Subj. Obj. *ls*: *Agüd'n il bsoeng chi ls detta*. Ps. Hier
Dativ wie im Altprov. *ls* für *lor*; auch XI, 6; — III. Pers.
fem. sing. Subj. Obj. *l* Flugi Volksl. p. 70. Plur. Subj. Obj.
*ls*; — Reflexiv *s*: VII, 7. Pallioppi sagt (Conj. del Verb, 97),
dass *ans* als Reflexivpronomen nie verkürzt werden darf, eben-
sowenig *as* nach *el*, *els*, *ellas*, *ras*, wenn das Zeitwort mit
einem Consonanten anfängt. Im 17. Jahrh. galt das noch nicht

---

[1] Im 16. und 17. Jahrh. auch im Dativ *à m*, *à t*, *à ns*, *à s:* und
im 16. *em*, *et*, *ens*, *es*, so auch im Tobia (Boehmer roman. Stud. III).

[2] Statt *el* unpersönlich, gebraucht man auch vor Vokalen *id*, *ad:*
zwischen zwei Vok. *d*; zwischen zwei Consonanten *a*; früher *e* VI, 2,
das auch für *ella*, *ellas* im 16. Jahrh. vorkommt: *aquellas imegnas nun*
*sun e stedas aduredas?* Pl. * *nuns* = *nunns* XX, 5.

als Regel. Damals ging auch das Reflexivpron. dem Imperativ stets voran: *s'fide* confiez-vous, *t'algord* erinnere dich. *s'allegrè* freuet euch, *s'slasde* destatevi Ps.; und hier VIII, 4. Heute gilt das Gegentheil.

Der männliche Artikel *il*, *ils* war überall fähig, sich mit einem andern Worte zu verbinden: IV, 3, 5; VI, 6; VII, 3; was heute noch der Fall ist.

**I, 7, a.**  *Tuots*, *cour*. Der Hauptvertreter des lateinischen kurzen betonten *o* ist **óu**, der als Diphtong und mit dem Gaumen gesprochen wird\*: *cour*, *mour* morio, *our* XII, 7 (foris, horis, oris), *soul* solet, *moula* mola, *scoula*, *roul* volo, *nouv* novus, *roula* rota, *bouf*, *foura* forat, *moura*, *giouva* jocat, *cousch* coquo, etc. — Doch kommt hier auch *u* oder *o* vor: *hum*, *hom*, Mehrzahl *homens*; *bun* als Adjectiv, *thrun*, *sun* sonus, *soer* socer Tob. 577. — Auslautend: s. unter II, 3, b. — Sobald aber eine solche Sylbe nicht mehr betont ist, so tritt *o*, wofür auch *u* steht, wieder ein: *scolars*, *culains*, *furer*, *corún* von *cour* etc.

**óu** entspricht auch lat. *ol* vor Consonanten: *tour* tollere, *soul* soldus Pall. poes. 3, 11, veraltet, frz. *sou*; *scout* voltus, *mouden* in unbetonter Sylbe (moldus = modulus, und Ableitung *en*, wie prov. en, it. ente, frz. ent; s. Diez Gr.)

**b.**  Dagegen ist das lateinische betonte *ó* zum dumpfen **û** geworden (Schuch. Voc. II, 99 etc.): *rujer* rodere, *nun* non, *lur*, *num* und *nom*, Mehrzahl *noms* Ps.; *nus*, *rusch*, *vuot* votum, *persuna*, *dun*, *ura* hora, *cur* wann = qua hora; *ur* ora, *aruri* Thau Ps. p. 378 etc. — die Adj. auf *osus* VII, 2, und *spusa* (sposa); — alle Accus. auf *onem*, *orem* XVII, 5, 6; doch kommt auch *nor* vor; — die Ableitungssylbe *on* ital. one: *chapellun*, *babun*, *stredun*, *bacun*, *tschigrun* (Schw.-deutsch

---

\* Also ganz verschiedenen Ursprungs vom altfranz. *ou* (Schuch. Voc. II, 147).

Ziger), *rognun*, *aragnun* aranea. *furbun*, *schliesun* grosser
Schlitten, *patrun* XVIII, 1. [1]

Lat. *ö*, in lateinischer Position, wird zum dumpfen *o*,  c.
das man gewöhnlich vor *r*, *s*, gequetschtem *g*, *ch*, *sch* im
17. und 18. Jahrh. mit **öa** ausdrückte, ausser in den Ps..
wo es nicht vorkommt (hier I. 3; II, 7; IV. 2, 4; VI, 3;
XVIII, 7), und auch jetzt noch so ausspricht. — In den andern
Fällen wurde und wird noch **ûo** geschrieben: *spuonda*, *duonna*,
Mehrzahl *duonnas* und *dunauns*; *fruonzla* Laub, *tuonder*. Doch
auch *fuorma*, *intuorn*, *cuort* cortem, *uorden*; *cuolschen* und
*coulschen* coccinus.

Im 16. Jahrh. *nuoss*, *muort*, *suort*, *fuorza*, *puorta*, *al-
quord* recordo, *puossa* Pl. posset. die später immer *nouss* etc.
lauten. Oder auch: *forza*, *mort*, *morf* und *amorf* morbidus
Pl. (amorfs e mêls blesams) etc. Damals wurde *ou* nie ge-
schrieben, und in den Wörtern, welche jetzt mit *ou* und *uo*
gesprochen werden, steht *uo* oder einfaches *o*. [2]

Lateinisches *o* in ladinischer Position wird ebenfalls hie  d.
und da zu **ûo**; stets in der Endung *ores* XIV, 6; *furuogn*

---

[1] *Orium* wird zu *ori*, wie in den provenz. Dialekten. Die ursprüng-
liche Form dafür war das nur spärlich vorkommende *uir*: *rasuir* Ps. LII,
oder *uoir*: *martuoiri* für *martuoir* = *martuir* bei Frizzoni, = *martu-
rium* Sch. Voc. II, 261 und 108. *Oeli* = *orium* in *braiatoeli* purgatorium
(Ascoli) (?): Schi nun ais e ingiûn braiatoeli ilg quæl nus stouan paier
per nuos pchiòs Pl. 29. (S. Seite 45, Anm. 2).
*Onium* s. unter g. — *Totus* lautet regelmässig *tuot*: — *muot* Hügel
= motus; — *sul*, *sulet* = solus.

[2] *uo* ist offenbar der primäre Diphtong, und *oa* ist wahrscheinlich
erst im 17. Jahrh. zu allgemeiner Geltung gekommen; sonst würden P. Pl.
neben *uo*, *ou*, *o*, gewiss auch *oa* geschrieben haben.
Das Wort *quint* Rechnung (XI, 4), für *quont*, ist wie *quinder* =
daher, woher, das bei Pl. *quonder* lautet, aus lat. *quo unde*. Mit
*quonder* hängt *innuonder*, *innunder*, *innonder* zusammen, von *in quo*
*unde*, wie *innò* von *in quo*; noch jetzt üblich. *Qui* für *chi*, welches
die eigentliche engad. Form wäre, wie *quo* = *cho* unter II, 3, b.

favonius, Föhn; *uondra* honorat, *tmuoss* (timosus) Ps. XI
und Frizzoni; *huorma* P. Pl; *sampuogn* it. sampogna. Doch
wird heute meistens **óu** gesprochen und blosses *o* geschrieben.

**e.**  Verwechselung zwischen **úo** und **óu** findet jetzt in *sours*
und *sruors* sorores, und in *nousch* statt für *nuosch*, (auch *nosch*
= *nousch*). Aus früherer Zeit sind die Beispiele zahlreicher:
*huor, hour; cuor, cour; buof, bouv; nuof, nouf; poumpa,
nuola, nuong* monachus; *houtz* und *huotz* hodie, *houra* hora
etc. P. Pl.; *buof* Ps.

**f.**  **u** für *o* in lat. Position ist selten: *munt* IV, 5, *punt,
frunt, lung* longus, (Adv. *löntsch, dalöntsch*); *cunter* contra,
*cunt* contem = comitem.

**g.**  Ausserdem ist lat. betontes *o* zu **ö** geworden, vor engad.
*ng, nch,* mouillirtem *l,* vor und nach *g, ch, sch, ss,* wo
überall der Einfluss eines jotazistischen Consonanten bemerk-
bar ist, da *g* hier gequetscht lautet. — In Wörtern wie
*fögl, tössi, ödi, öli, döli, cordöli, döglia, sön, sömmi* somnium,
*pröppi* proprius; *pöia, dapöia, dapö,* früher *pöia, spöia,
daspöia* = postea, unbetont *puschmann* übermorgen, lässt
sich der Umlaut wegen lat. *i* oder *e* = *i* erklären. Daher
wird aus lat. *onium: ögn* (und *oni*), im 16. Jahrh. auch
*ügn* (und *uni*), die natürlich zu neuen Bildungen verwendet
werden; *fatschögn* C. v. Fl. façon, *pitanöny, aschroeng* Tob.
Unrath; und die weibliche Form *manzögna.* Bei P. *brudgiüng*
Verunreinigung, *manzügna* etc. Was die Ableitungssylbe *öz*
betrifft, z. B. *culöz* Hals, so ist sie entweder freie Bildung
oder dem ital. *ozzo, occio* nachgeahmt.[3]

---

[3] In den Wörtern auf *iolus, eolus* mit Versetzung des Accents:
*aviöl* (apiolus = api-c-ulus), *chaschöl* caseolus, *magöl* Glas = modiolus,
*linzöl* etc., hat nicht der lat. Vokal den Umlaut hervorgebracht, da die
ältere Form für die Endung *olus* regelrecht *oul* war (Sch. 43), welches
übrigens noch heute vorkommt: *avioul* = aviöl, *taglioula, Agagliuoul*
am Roseg-Gletscher (acicleolus), *tratschoula* Flechte (*tricheola,* s. Diez

Endlich besonders vor und nach Labialen: *fö, möd, ör, pöeel, cuffört, cuffuört* Ps. 27, *aröf* Bitte, *incöl* Diebstahl Pl., *tröp* troppus Ps., *spört* Partic. von *sportscher* Ps. VI, etc. *Nöf* wird durch den Umlaut als Subst. vom Adj. *noue*, und *bön* vom Adj. *buu* unterschieden. — Auch *rösa, tört; lö*, plur. *lous.*

Eine seltene Nebenform von *ö* ist **üe**, vor zusammengesetztem *r: chüern* cornu, *müers* morsus Particip., *stüerta* Biegung, von *storscher; tüert, püerch* porcus, *cuffüert* Trost, *spüert* Part. von *sporscher, hüert* hortus, *hüerda* hordeum, alle noch von den heutigen Schriftstellern gebraucht; — *chüerp* und *corp, cuorp* Pl.; *glüergia, glörgia; vittüergia, vittörgia; memüergia, memörgia* (S. zu VI, 4); *cuffüart, müart* Tob. 555, 556.

Wie die ältesten Schriftsteller zwischen *uo* und *ou* schwanken, die spätern zwischen *uo* und *ou*, so findet auch ein solches Schwanken zwischen *uo* und *üe*, zwar höchst selten, aber dennoch statt. Daher ist wohl anzunehmen, dass *üe* zu einer Zeit verbreitet war, aus der bis jetzt keine schriftlichen Denkmäler bekannt sind, und, ehe *ö* daraus hervorging, im Engadin parallel mit *ie* im Churwälschen gebraucht wurde. *Üe*, wofür auch hie und da, doch selten, *üö* vorkommt, ist der ursprüngliche Umlaut von *uo*, und erst daraus ist im Churwälschen *ie*, im Engadin *ö* entstanden. [1]

---

W. treccia), *pisoul* Mittagsschläfchen, *chanvoul* Schwaden, auch in der Redensart *metter our d'chanroul* auf die Seite schaffen; *charrioula* junge Ziege, capreola, etc.

[1] Für lat. *o* zeigt sich *u* in Doppelformen, wie oben *ögn, ugn* = onium, *achürdt* Vkrg., *achuert* Mkrieg. = Vertrag. Die älteste Form für onium, war aber wohl *ugn* aus *unium* entstanden; und dahin gehört auch *usch* (ustium für ostium). Einzelne Wörter, wie *butsch* s. XII, 6, a, sind vielleicht vom Ital. entlehnt, gerade wie *fuotscha* foggia, *chöntsch* concio. Die in neuerer Zeit entlehnten behalten den ital. Vokal bei.

**II, 3.**      *Póg.* Helles ○, jetzt oft nur *o* geschrieben, entsteht
**a.**    regelmässig aus betontem deutschem *au, al,* oder lateinischem
*au, a-u, al;* aus *al* nur in ursprünglich geschlossener Sylbe.
Dieses oberengad. *ó* ist aus einem frühern *au* hervorgegangen,
wie surselvisches *au*, zum Theil unterengad. *au* es beweisen.
     Beispiele: *róba, blór* und *blour* blau; *bôd* bald, *gôl* Wald
(altfrz. *gaul*), *fôda* Falte; — *róg* raucus, *óra* aura, *tór* taurus,
*pover* (*pourer* [1] Anh. 5. 1), *pós, lód, fród, ór, póg* paucus,
*exód* exaudio, *chósa* und *causa* IX, 6; XIII, 3; — *hó* II, 5
(hau, hav, habet), doch *haun* V, 5, 6, wegen des *n* (I, 1, b) —
( *Dó, fó* X, 2, 6, *stó* XIV, 3, sind aus auslautendem *a* ent-
standen, wie *mó, mâ* Anh. 6, 3 = ital. *mâ* aus *magis.* [2] ) —
*chó* ca-p-ut, *pchió* peccatum III, 7, aber *pchaeder, pchaduor*
peccator, peccatorem; *pró* pra-t-um; *talró* Heuboden, *talr* für
*tard,* von tabulatum, unterengad. *taldd; gró* gratum, *arnó*
advocatus, *comgió* commeatus, und alle Participia auf *atus,*
daher *beó* fem. *beaeda* (siehe II, 4, a). — Weitere Beispiele
sind *ôt* altus, [3] *chód* caldus, *sôt* saltus Tanz; *inaró, duró,* ur-
sprünglich von vallis, wie frz. *en aral, en arau,* woraus dann
*inarós, inarous* (wie oben *pourer = pórer*), *Durós* entstanden;
*óter* XV, 5; *ognia* Erle, F. d'Eng. (alnia = alnea für alnus),
*fótsch* falcem. — ( *óva* aqua; zuerst *ara,* dann *u* durch *v*
hervorgerufen: *auva*).

---

[1] So schreibt Papa auch *uuva* für *óva, buod = bód, huot = ôt.*
*aroub* Raub, *fuoss, luod, grou* gratum, sonst *ó, oo* oder *o*; Planta gebraucht
einfaches *o*. *Noud* Ps. (nauto) für *nód.* Im Veltkrg. stets *daboat* für *dabód*
— *û* für *ó* = lat. *au,* nach Abfall des *t,* in *û = aut,* wie *cûa = cauda.*

[2] Anlautend: *orma = anima.* Vor *r* ist dieses *o* aber zu *oa* ge-
worden; bei Papa und Planta *huorma* und *horma* (vergl. I, 7, c, d). Aus-
lautendes *a* wird auch im Franz. oft wie *o* ausgesprochen: *po = pas,*
*ro = va.* Das Gegentheil in *na = non,* nein.

[3] Umlaut dieses *o,* in unbetonter Sylbe: *eutischem* Anh. str. 6. 4;
*eu = ó,* wie in *glieut* V. 3, *avieus = aviöls* Ps. p. 394. Dieser Super-
lativ lautet heute *ótissem.*

**o** entsteht auslautend aus lateinischem *o* in *pó* potest; **b.**
*giô* mlat. giosum; *allô* XI, 3 illoc; *cô* VIII, 2, *quo, aquo*
Veltlinerkrg. 680, 871, Verkürzung von *ecce hoc*; *prô* zu,
bei; *innô* her = *in quô*,[4] und *no;* auch dafür *innúa, núa,*
»her, wo«, schon bei P. Pl. Hier, auslautendes *a* wie in
*uschéa* = *usché. Amô* noch, aus *modo* mit prosthet. *a; utrô,*
im 16. Jahrh. auch *utrou* ultra hoc.

Aus lat. *quomodo*, wie *cu* aus *cum*, ist, mit kurzem *o*
(Gritti schreibt es bald kurz bald lang) *co, cu; scho* Pl.; *sco,*
*scu* Adv. wie; Conj. wie, als, da, entstanden, dessen ursprüng-
liche Form *cho* (s, I, 2, c) bei Papa und Planta stets in Frage-
sätzen gebraucht wird: cho inclegiest tü lg prüm cuman-
damaint?[4]

*Pchiaer.* **ae, e** (jetzt meistens bloss *e* geschrieben),[1] **II, 4, a.**
unterengad. *a*, vertritt **erstens** kurzes, und langes, betontes
lat. *a* vor einfachem Consonant (denn langes lateinisches *a*
bleibt in lat. Position, ausser den Fällen I, 1, b; II, 3, a).[2]
Beispiele: *aesch* acidus, *plaesch* placet XVIII, 5, 6, *paraerla*
parabola Anh. 3, 4; *paeder* pater; *frêr* frater, Mehrzahl regel-
mässig mit blossem *s*, wie bei allen Wörtern, die im Lat.
den Accent nicht versetzen: *frêrs*, stets bei M; doch kommt
*frars*, eine unterengadinische Form, häufig zum Vorschein;

---

[4] s. quonder I, 7, Anm. 2. Lat. quo gibt cho, aber aus cho ist
wiederum co, und aus diesem quo entstanden, wie die angeführten Bei-
spiele beweisen. Oder geht man aus von lat. cu = qua, so ist dann
erst daraus chu, cho und co, quo entstanden. Beides ist möglich, doch
ist die Form chu nicht nachzuweisen. Neben cu = qua Schuch. Voc.
II, 511, kommt auch cuncu = cumquo vor, II, 92.

[1] Papa schreibt ae, e, ee, sogar e; Planta gewöhnlich ae, das er
auch, wie noch Wiezel in den Ps., durch einen Haken unter dem e
bezeichnet. Letzterer schreibt so, oder auch ae und e, selten e. —
ei für lat. a, s. zu III, 1.

[2] Aus parte ist sper, spaer Ps. p. 543, daspera = neben, bei,
gebildet.

3

*necda* habitat; *laeva* lavat; *mael* X, 6; *mè* mehr, magis;
*taefla* tabula; *pêr* pares, *intraunter pêr* Veltlinerk.; *êr* ager,
und *êra*, ibid. 562, mit Thal übersetzt; *fraeschel* Ps. fragilis,
*trêr* trahere, *stêrel* stabulum, *laef* Ps. labium, s. III, 1, No. 1;
*lêder* latro, *gaesch* jacio, *maegier* macer; — *claer*, *alaer* Ps.
altare, *quêl* qualis, *aguael* Bach Ps. I aquale, jetzt *orêl;*
*plêja* plaga, *nêr* navis, *pêrel* pabulum, *flaed* flatus, *laed* latus
s. III, 1, No. 1; *pêl* palus, *inaegna*, *stêd* aestatem, *traes* tras
= trans XIX. 3, *spaedla*, *signael* signaculum, *quêgl* coagulum
(b Anm. 4). — Alle Infinitiva auf *are*, die Adj. auf *arius*, *alis*
= *êr*, *êl.*[3] ( abilis, amus, atis, abam VII, 3, h).

Doch bleibt *a* vor *m*: *ram* ramus, *clam* clamo, *am*,
*bramma*, *fam*, *sdram* Riss; *racham* ital. ricamo, und in der
sehr gebräuchlichen Ableitung *amen*, die auch zu Collectiv-
begriffen dient: *liam* ligamen, *stram*, *reginam* (reginamen);
*aram*, *ram* aeramen, *chäram* Leder (coramen), *bestiam* (bestia-
men); *lainam*, *linam* (lignamen). — *a* bleibt noch in *sabi* sapius
Ps. p. 380, *palad* palatum, *limari* (animale).

b.  **ae** steht für lat. *a-i* in *plaed* für *plaid* placitum VI, 7;
hingegen ist aus *radix*, mit Elision des *a*, jetzt *rîsch* geworden.

Bei *paeschter* pastor, Obj. *pastuor; paeschqua*, Adj. *pasch-
quael; guaeschta* vastat (heute *pasqua*, *paster*, *guasta*), *paesg*
pascum Ps., *saench* (*sainch* P., *seinch* Pl.), *traersch* Ps. p. 495 ·
(trabs) altfrz. tref, muss, da sonst lat. betontes *â* in Position
bleibt, der Umlaut durch *ch*, *sch* hervorgerufen sein, die auf
eine unbetonte Sylbe hingegen nicht Zeit haben einzuwirken.[4]

---

[3] *arius* wird auch zu *ari*, *êri* — *aculus* zu *acul*, Pl. und Tob. auch
*aquel* — statt *aris* wird *abilis* gebraucht — aus *aticus* wird *atsch* I, 2, b,
Anm. 4, und *aedi*: *sulvaedi* silvaticus Ps., noch heute üblich (Caratsch);
*rosêdi* Thau, rosaticum für roscidum, Pall. poes.; *abiêdi* ital. abiatico
Enkel, *viêdi* viaticum. *atsch* als Collectivum in *spinatsch* Dornbusch.

[4] Vor *gn*, *gl* gehört in der Regel *a*: *chavalg*, *chalchagn* calca-
neum, *hagn*, *quadagn*, *muralg*, *campagna* etc. Früher schrieb man

Merkwürdig ist, dass die Infinitiva auf *aer*, welche früher mit offenem *é* gesprochen wurden, wie noch heute von den alten Leuten in Celerina und Samaden, jetzt mit sehr geschlossenem *é* lauten, welches auch in manchen Wörtern den frühern Laut verdrängt hat. Dieses *e* ist hier dieselbe Erscheinung wie *ō* für *o*, *ü* für *u*.

**e** entsteht **zweitens**, zuweilen aus betontem latein. *é*,   **c.**
wo also nicht *ai* geschrieben wird[5] (vergl, VII, 3, a): *sincér*, *fidel*, *ledscha*, *legg* Ps., *semda* semita, *terréng* Pl., *pés* pejus Mkrieg und heute; *tschel*, *semn* seinen. — Die Neutra auf *erium* lauten *eri* (VII, 3, d, Anm.).

Auslautend steht es fast immer in den Ableitungen *ellus*, *ellum*: *rdé* vitellus, *agné*, *ané*; *curté* cultellus, *utsché* avicellus, *rasché* Gefäss, Sarg; *rusché* Thau, roscellum für roscidum; *tschercé* cerebellum, *tschapé*; *sagé*, *sagely* Pl., *saghé* P. sigellum, Sch. Voc. II, 52; *s-chabé* scabellum. Und sonst: *fé*, *tramatté* Veltlkrg. = *fet*, *tramettet* 417, 1049; *dré* Müsserkrieg deretro; *pé* Fuss; (*bé* = *bain* in *bésamn* = *bain samn* s. Flugi Volkslieder pag. 74).

In Position (VII. 3, b, c; VIII, 1); *bescha*, *festa*, *farella*   **d.**
Funke, *inseyl* sigello, *éster* fremd, *terréster*, *pél* pellis, *péz* pectus, jetzt *pétt*; *temp*; — *anéls*, *curtéls* etc. für die Mehrzahl; im 16. und 17. Jahrh. entsprach diesem lat. *ell*, in der Einzahl, gewöhnlich *ely*, und nur hie und da im Reime kommt, bei Wiezel, *e* vor; — die Inchoativformen mit *ésch*; — alle lateinischen Wörter in *ect*; schon bei Pl.: *dalett*, *cuspett*, *aspett*, *defett*; im Mkrg. *effect*; jetzt stets Assimilation. Inlautend *tegia* Alphütte = tecta.[6]

---

auslautend, wie hier X, 6, *aing* für *agn*; in solchen Fällen ist *i* bloss graph. Zeichen; und der Reim mit *tain* ist ebensowenig correct als XVIII, 1, 3. — *Cunpoing* Tob. 511; *cumpang* 622.

[5] *vella* = velum Ps. p. 617.

[6] Die Sylbe *ell* lautet beinahe *aell*. — P. Pl. schreiben sehr häufig

**III, 1.**    *Eira.* Die Schreibung und Aussprache **ei**,[1] ist auch heute üblich:

1) für lat. betontes, meistens kurzes *a: greir* gravis, *leirra* labra, *leid* latus; *tscheira* cara Gesicht, Mkrg., *scheira* Ps. II; *seinch* XII, 3; heute *tschera, sench; leir* labium Pall. poes.; *eirel* für *airel* VII, 3, h.

2) für lateinisches kurzes *e: meil* mel, *eira* erat, *neir* nepos, *leir* levo, levis, *meidi* medicus und remedium, *peidra* petra, *feirra* febris. (*deisch* decem, *deischa* decet Pl., *deis, dees* P. Pl.); *pei* II, 4, c; *peis* Ps., und noch jetzt M.; *feil* fel, *reider* veterus, selten mehr gebraucht; *mugleir* Wiezel canz. spirit., *leirra* (lepora) Caratsch, *dcheil* gelo Pall. p.; *meis* und darnach: *teis, seis* noch heute; bei P. Pl. auch *mees* etc.

3) für lat. langes *e: leida* lacta Ps. und heute; *fideil* Pl., *s'infeitan* sich zieren Pl. (infectant) jetzt *s'infittan; obeidi* gehorsam Ps.; *peida* Musse (respectus? Diez W.) C. v. Flugi; *preir* presbiter; *eiena; eifna* P. Pl. hebdoma = Woche; — besonders vor *st*, durch *s* hervorgerufen; doch hier auch *é* üblich; beides bei Pl. und in den Ps. — *seidesch* für *saidesch; peis* = *pais;* (*eis* = *ais* stets in den Ps.).

für lat. langes *e* überhaupt oder ladin. langes *e, i* oder *ii: tschijl, pisijr* pissér pensare, *ischens* essans, *pijs* pejus, *inclijr* ▬ incler, incleger, intellegere; *sijs* sex; eine Aussprache, die noch jetzt in Pontresina gehört wird. — Ist das Wort *trid* bässlich = *tretus* für *tetrus? — Var* kommt vor für *versus,* wie auch in der französischen Volkssprache.

[1] Dass *ei* aus langem offenem engad. *e* entstanden ist, beweist in einigen Wörtern aus früherer Zeit das Schwanken zwischen *ei* und *ee,* sowie auch in andern die Schreibung *ae, ai: leid* und *laed, seidesch* und *saidesch* etc. Die Beispiele sind hier, wie in allen Fällen, wo es sich nicht um eine zum allgemeinen Gesetz gewordene Lauterscheinung handelt, die einzigen, die mir in der angeführten Litteratur begegnet sind. — In *leih* lacus, ist *ih* = *ch* und *e* = lat. *a.*

4) für kurzes lat. *i: neir* nivem, *reider* vitrum, *eir* auch = iterum, wie altfr. *oirre* iter; *eird* für *aired* VII, 3. e.

5) für lat. *i* in Position: *schneister* sinister Veltlkrg.; *quei* = *quai,*[2] VII, 3, g.

*Jeu, Dieu,*[1] *eulieu.* Die Wörter mit der Endung *ieu,* III, 5, 6. sind alle aus lat. *eu, e-u* entstanden, oder nach dieser Form gebildet. Im Surselvischen lauten die Part. pass. der 3 letzten Conjugationen *iéu* bei Conradi, ebenso bei Steff. Gabriel; Carisch sagt, man solle *éu* schreiben, offenbar lat. *e-t-us.* Im Unterengadin hat die Form *ü* = *utus* die andern verdrängt. Im Oberengadin aber hat *ie,* der alte Diphtong von *e,* letzteres ersetzt (vergl. zu VIII, 1); und so lautet *ieu* nicht ganz *iu,* wie Pallioppi sagt, sondern ungefähr *iö.* In *fier* = *ferrum* ist *e* kaum hörbar, bei *ieu* hingegen ist es natürlich, dass das tonlose *e* mit dem tonlosen *u* ein leises *ö* bildet, wie mir auch ausdrücklich bemerkt wurde, ich solle *ieu* ja nicht wie *iu* aussprechen, sondern dumpfer. Daher reimen auch nicht *iu* und *ieu* zusammen. Innerhalb des Verses werden alle diese Endungen als einsylbig behandelt, obwohl die Aussprache gleich bleibt: XII, 3; XVII, 5; am Schlusse bilden sie weibliche Reime. — Bei *eau* = ego, für *éu,* ist der secundäre Diphtong des geschlossenen oberengadinischen *é* an dessen Stelle getreten (I, 1, a).[2]

*Clocher* die Glocke läuten; so auch Sererhard in seiner IV, 4. Chronik.

---

[2] *Seita* zweisylbig für *seta* = *suetta* sagitta, Ps. XVIII; auch *seihta,* p. 261, und *seichta,* wo *i* zum Consonant geworden, und ein neues *i* bloss als graphisches Zeichen eingetreten ist; jetzt *secta* Blitzstrahl.

[1] Pl. gebraucht als Subj. *Deis, dees, dieu: che voul dieu da nus?* p. 55. Papa sogar *deus* als Obj. *crair aint in deus bab, in deus filg* p. 15. Also kein Unterschied zwischen Subj. und Obj.

[2] Das einzige mir bekannte Beispiel von *ieu* = lat. *i-u,* ist *gnieu* nidus, denn *estieu* vestitus ist nach den Participien auf *etus* gebildet (etus = itus Scb. Vok. II, 31).

**IV, 7.** *Fraig* (*i* bloss graphisches Zeichen): *metter in frach, in fracha; in fras-chellas* Pl.

**V, 4.** *Bell* für *bells*, wie *tuot' ils poccels, bger' muels, tuott' las terras;* aber immer: *ils poccels tuots* etc. Ps.; auch Tob. 132, 400.

**V, 5.** *Stocair* (altfranz. *estocoir* unpersönlich). Ind. pr. sing. 3. Person *stu* bei Pall. Conj.', sonst auch *sto; stou* IX, 6 und öfters = *stoc*, wie *rou* und *roc* Ps.; *stour* Tob. 185.

**VI, 4.** *Premgia* = premia; *i* ist zum Consonant geworden, und das folgende *i* bloss graphisches Zeichen, wie im Ital. Andere Beispiele sind: *misericordgia* Pl., *cunchoargia* Tob., *superbgia* X, 1, *superegia* Pl., *ingilergia* XI, 6, *plörgia, glücrgia, füergia, misergia, rictorgia* Pl. und *rictüergia*. (Letzteres Wort bedeutet auch noch jetzt *rictualia; r = l* wie im alten Wort *limargia* = animalia, bei Carisch angeführt, und *fulastijr* Pl.; *fullasters* Tob., *foreisters* Ps.) Diese ächt engadinische Bildung, die Pallioppi hie und da in seinen Gedichten noch gebraucht, ist heute durch die ital. Form verdrängt.

**VI, 7.** *Gnir al main; gnir main* (venir meno) heisst auch: nicht erfüllen, nachkommen: *gnir main à seis dovairs* Fögl d'Eng.

**VII,3, a.** *Painis.* **ai**, welches im Oberengadin bald so, bald *ae, e* lautet[1] (vergl. die Reime IV, 5, 6; V, 2, 4, 7; XIV, 4, 7 und zu XIV, 7), ist **erstens** der gewöhnliche Vertreter des lat. betonten langen *e* (franz. *oi, ai, e*): *craia* VIII, 3, *rail* rete, *sair* sepes, *flairel* flebilis, *tschaina* cena, *tschaira* cera, *millaisem, quaid* qu-i-etus, *vair* verum XIX, 2, *frain* frenum,

---

[1] Hier gleich die Bemerkung, dass wenn dieses *ai* vor *n*, wie *aegn*, in gewissen Gegenden sogar wie *agn*, lautet (Pall. Or. 29), doch hier *gn* in keinem Falle direct aus lat. *gn* entstanden, sondern blosse Erweichung eines ladinischen *n* ist; also *laegn* für *lain* = lignum (s. unter f), gerade wie *faegn* für *fain* = fenum.

Die Adv. auf *maing* schreibt Wiezel in den Ps. und seinen canz. sp *mang* wie im Unterengadin. Im Münsterthal *meing:* perfettameing.

*fain* fenum, *saira, raig* regem, *mumaida, pulschain, saida, la rain* ren, *saidesch* sedecim, *paina, plain* plenus, *staila* (stela), *uschaid* acetum, *terrain* Subst. und Adj., *taila* tela; *faira* fera für feria, wie frz. foire; im 16. Jahrh. *fijra; fijran* und *fairan* (feriant); *ais* (es für est); P. Pl. sehr häufig *es* etc. — die Infinitiva auf *ere* und die Endungen auf *emus, etis* (II, 6; II, 2; XIV, 5). Ueber lat. *ê* s. noch II, 4, c, und zu III, 1, No. 3.

Daher wird auch lat. *ens* (ensus, ensis, eusa), nach Ausfall des *n*, zu *ais: painis* pagense, *pais* poids, *m'imprais* penso, *mais* mensis, *maisa* mensa, *intschais* frz. encens, *offaisa* offensa etc. Man sollte also *imprais* schreiben, nicht *imprains* (s. unter f).

In Position, ausser Fall c, selten: *taimpel, saimper, exaimpel, baltaisem* baptismum, *taimpr* tempero, Inf. *temprer, impraist* prestum. Für e in Position kommen überhaupt vor, ausser *ai: e* (II, 4, d), *ei* (zu III, 1, No. 3) *ie* und *ea* (zu VIII, 1, a).[2] **b.**

Ebenso vertritt *ai* lat. betontes *ê* bei den Subst. und Adj. auf *ent*, und den lateinischen oder zahlreichen nachgebildeten Verben auf *entare*, die hier meistens *anter* lauten, aber in betonter Sylbe dieses *ant* richtig in *aint* = *ent* ändern. **c.**

Beispiele: *momaint, immaint* mentem XVII, 4, *daint, aainter, puschaint, laint* lentus, *armaint* armentum Ps., *tormaint* Inf. *tormenter, draint* Inf. *dranter* XIII, 1, *suainter* sequenter VIII, 7; die Adverbien auf *maing* (Anm. 1). Heute freilich werden oft solche Wörter mit *e* geschrieben; s. auch *astent, badent* XIV, 4. 7.[3]

---

[1] *Inflter* vergl. zu III, 1, No. 3.

[2] *Entia* wird zu encha, enscha; bei P. Pl. oft *ijucha: algurdijntscha, cradijntscha, biadijntscha* etc., daneben *diligijntia, obedientzchia, subgientscha, rüfteintscha* Pl. Reue. *Argent. tschent* IV, 2, *gugent* gern, (gaudiente), sind von jeher so geschrieben worden. Die Ableitung *entus* = deutsch lich: *dutsch* süss, *dutschaint* süsslich.

d.    **ai** erscheint auch, in wenigen Wörtern, für kurzes, betontes *e*, das in der Regel keine Veränderung erleidet:[1] *bain* bene XVI, 3, *tain* tenet X, 5, *vain* venit VI, 4; *airer* ebrius.

e.    **Zweitens** vertritt **ai** gewöhnlich lat. betontes kurzes *i* (franz. *oi*, *ei*): *vaia* videt VIII, 1 (alt), *bairer* bibere, *raider* vitrum, altfrz. *voirre*; *main* minus VI, 2, *nair* niger, *said* sitis, *pairer* piper, *naiv* nivem, altfrz. *noif*; *pail* pilus, *raidgua* vidua. — In der Ableitung *ibilis* (Schuch. Voc. II, 2): *puschairel*, *paschairel*, *credairel* etc.; heute meistens *ibel*; schon bei Pl. *possibel*.[5]

( Kurzes lat. *i* bleibt in *via* XIII, 6; wird als auslautend verlängert in *dì* dies II, 2; wird zu *e* in *què* quid XVI, 3, *nett*, *tem* timeo, *temma* Furcht; *tschendra*, *plej* plico, *plaj* bei Frizzoni; *frej* frico, *lej* ligo (I, 2, Anm. 3), *insemel* insimul, *fè* fides, *serrezzan*[6] servitium, *rez* vitium, *larez laretsch* lapideus; — und zu *ei* s. zu III, 1, No. 4 und Anm. 1.)

f.    **ai** vertritt selten betontes langes *i* (frz. selten *oi*) *raisa* visus Pl. *fraid* fridus = frijdus, Sch. Voc. I, 70; *lain* linum = lignum, *insaina* XIV, 5 = insina, *daint* Ps. jetzt *daint*

---

[1] *Desch* decem, früher *disch;* unbetont *dischdoag; discha* decet P. *aritscha* und *aretscha* regit P. Pl., *prijtsch* pretium P. Pl., *vijl* vetulus, *intijr* integer ib. *Segner*, früher auch *signer*, wird jetzt nur von Gott gesagt; *indschin* Ps. = ingenium. S. auch *deus, meus* unter III, 5, 6.

·  Die Neutra auf *erium* lauten *eri* (gispéri, agispéri, gipéri = disperium? Verderben).

[5] Die lat. Wörter auf *il* mit kurzem *i* werden zu *agl:* *tschagl* cilium, *cussagl; stailg* Art, Ordnung, stilus Veltlkrg.; *arvagl* Erbse, von ervilia; *mandvailg* Mkrieg, jetzt *manvalg, mamvagl, marvagl, amvagl* früh Morgens (manevigilia). Früher *egl: cuss'lg* Pl. Heute noch *baseglia* basilica (Sch. Voc. II, 15, 16).

[6] Mauritius *Murézzan;* bei Pl. auch *servezzi.* So auch jetzt *sezzan* von *Sitz.* Heute werden die Neutra auf *itium, icium* doch meistens durch *tsi* ausgedrückt. — *ai* kommt hier vor in *sain* sinus, aber nicht direct vom lat., sondern vom it. *seno* (I, 7, h, Anm.) Ps. XXII; es ist kein alteng. Ausdruck, denn dafür werden früher *bust* und *pez* gebraucht.

und *damn* ditem = digtem mit eingeschobenem *n*, wie in *lainscher* lecken Ps. LXVIII, *imprains* = *imprais; cusainen* consignant Pl., *sain* Glocke, *coraida* (cupida für cupidia) und *cuaida* Tob.

Latein. *i* in Position bei den Verben auf *ing: taindscher* tingere und attingere, *faindscher* fingere[7]; dazu: *raindscher* vincere, *rainch* viginti; *aint* intus, *alanaint* Pl. daher (—inde), *cumainza* (cumintiat) von *cumanzer; quaist* (—iste) XIV, 1; *tschai* jener, cille = ecc'ille; *quai* ebenfalls = jener; wohl nur zwei Formen desselben Wortes, wie *tscho* und *quo* = quomodo; vergl. auch *quia* und *tschuuia* = *tschuia* Tob. 642; *saimpel*, *ovais-ch* episcopus, évesque.[8]

( Langes *i* oder in Position bleibt sonst: *quist* Pronomen subst., *rita*, *quindesch*, *inter*, *miss* IV, 7, *vich* ib. *disch* etc. In vereinzelten Fällen wird es zu *e*: *strett* strictus, *sfess* sfissus, *pésch* piscis, *usché* (-sic), *sech* siccus, *metter*, *mess* Bote, *trenta* etc., *surenz* subinde XI, 7, *mèra* siehe, *less*, *lessu* ill - ipse P. Pl.:[9] Innua daie gnir fat aquella tschaina?

**g.**

---

[7] In solchen Verben kommt auch irrthümlich *au* vor: *straundscher* stringere, *laundscher*. Da wo *ai* = *ae*, bleibt sich's freilich gleich — *Laungia* muss, wenn hier *liunga* für lat. *lingua* (Asc.), auf eine frühere unbekannte engadinische Form *liungia* zurückführen, woraus erst alt-oberengad. *leaungia* wurde, indem *ea* aus *e* für *i* entstanden wäre. Damals müsste aber *au* nicht *ae* gelautet haben. Wiezel gebraucht *lengua*. Extinguere hat *standscher* und *staindscher* gegeben. Was das Wort *paunch* Fett, Butter (pingue) betrifft, so ist seine richtige Orthographie *painch*: schon so Ps. LV p. 178: ils plaeds d'sua buochia sun pû lams co paing.

[8] *Crasp* crispus, für *cresp* Schuch. Voc. II, 60. *Quast* stets bei Frizzoni für *quaist*, *quést*; wie *frasch* Tob. 683 = *frésch*, und 410 *frisch*: *and* = inde. (Lat. *si* wird *scha*.)

[9] *Parleis*, *parlies* Pl. = daher. Mit *ipse* sind gebildet: *dsues* P. 23 que declera nos signer dsues; *amvessa* ich selbst, *asvess* er selbst Veltk. 586, 594; *me m'vess*, *te t'vess* Frizz. Heute *svess* und *stess* aus dem Ital. Andere Formen, die zum Theil bei P. Pl. vorkommen, erwähnt Asc. p. 215.

Intaunt chelg es ûn paun da la communited . . . . . schi daie gnir salvo parūna aint in lessa baseilgia P. p. 39; *quel* I, 6, *el* ille, aber *il* Artikel; — und zu *ie* [10] — zu *ū* in *prūm* primus, *tschūrla* sibilat, unbetont *prūcó* privatus = privus — zu *ei* s. unter III, 1, No. 5.)

**h.**  **Drittens** vertritt **ai** regelmässig lat. betontes *á* in *abilis* VI, 5; *amairel, plaschairel; hartarel* hereditabilis Papa. Doch kommen *damnabel, lodabel, immutabel, amabel, durabel, capabel* schon im 17. Jahrh. vor; sogar bei P. *enfgniafel* convenable; — und in den Endungen *amus, atis, abam* s. zu II, 4, a). Ausnahmsweise steht in Wiezel's canz. spirit. *saischia* sapiat für *suescha*, II, 4, b, in ladinischer Position, jetzt *supcha*.

VIII, 1,  *Tschiert.* Lat. betontes *e* wird selten durch **ie** ersetzt:
**a.**

1) vor zusammengesetztem *r: fier; infiern, inviern, riern, cierf* P. Pl.; *aviers* adversus Veltlkrg. 815; *gnierr, tschierca; pierla* Bläschen Ps. p. 281; *gierm* Wiezel canz. sp., *riers* Subst.

2) in ladinischer Position [1]: *ierta* heredita, *tierla* tegula, *miert* meritum Ps., *misiergia* Ps. IX, *schierl* it. gerla, *albiery* Men.

3) vor ladinischem *v: spierel* speculum, *azzierer* (-sequere). *ziera* nach, gemäss; *tieri* tepidus, Men.

Doch herrscht meistens in der heutigen Sprache, ausser

---

[10] Lat. *iculus, iculum* gibt 1) *agl: solagl, uraglia;* früher und ursprünglich *cgl: famegl* Pl. 24. *Eculus = iculus,* Schuch. Voc. II, 50, 67. (Hier eig. *e* in lad. Position). 2) *ievel: prievel; privel* Ps., periculum (prigul, priguel wie bei Pl. miraquel = miraculum, dann *g* ausgestossen: *privel* und *i* zu *ie*), *mievel* miculus von mica, woraus *mieblin* als engad. Diminutiv; *pievla* picula von picem: *spievl* spiculo Aehren lesen, *sfrievl* (friculo) zerfleischen, zerreissen. In diesen Wörtern steht *ie*, wie in *spiert* spiritus, *gnieu* nidus, *gniec* (nicus = iniquus) Ps. XII und oft, für langes *i.* Siehe III, 5, 6, Anm. 2,

[1] *Ariemph* Pl. ereptum? usura, ariemph, ingianer, invuler cun fuorza.

in wenigen Wörtern, die von jeher so geschrieben wurden (fier, infiern, iuviern, tschierv, aviert, ierta, spievel, zieva, azziever), in allen diesen Fällen und in ladinischer Position vor *l*, *r*, *t*, *z* (Pall. 22), der Diphtong **éa**, der freilich jetzt nie geschrieben wird.² Die einzigen Beispiele von *éa* in den Psalmen, sind *lear* p. 65: leava taunt co tschaira, und als intr. Zeitwort p. 198, 402: mi orma leava per la bramma (*lera* = liqvat); und *earla*, ebenfalls zweisylbig, heute *erla*, aqvila. Hier ist *ea* auch erst aus ladinischem *é* entstanden für lat. *a*.³

In den·Wörtern, die mit *y*, *ch*, *tsch* anfangen, kann *i* bloss graphisches Zeichen sein oder nicht, je nachdem man *ié* oder *ie* spricht. Uebrigens ist leicht begreiflich, dass die Aussprache zwischen *ie* und *éa* schwanken kann, da ersteres, nachlässig gesprochen, sogleich letzteres gibt. *Ie* und *ea* sind die Diphtongen des langen geschlossenen oberengad. *e*.

*Vaia* = *rezza* wie auch *daia* = *dess*, *daias* = *dessast* b.
im 16. Jahrh. vorkommen.

*As luscher gnir pchiò* auch *as fer pchiò* Mitleid haben; **VIII, 4.**
ital. *prendere peccato.*

*Vangiò* findet im Surselvischen seine Erklärung: Jou **VIII, 7.**
cunfess ca vess milli gadas vingiau quella cundanatiun·— Far bucca cun me suenter mieu vingiau — Jou sunt bucca

---

² Dass hier *ie* der ursprüngliche Diphtong ist, erhellt aus seiner Verwandtschaft mit dem *ii* des 16. Jahrh., aus dem es gewiss auch entstanden ist. Ein Theil des langen *i* hat sich zu *e* geschwächt, und zwar, in einigen Wörtern, zur Zeit schon, als noch *i* gesprochen wurde. Vor zusammengesetztem *r* ist diess ganz dieselbe Erscheinung wie *ue* für langes *u*. Bei P. Pl. erscheint *ea* nie, das aber im Veltlkrieg wie heute vorwaltet, ausser vor *rr*. *Fiarm* = fermus ist vielleicht Druckfehler; *ia* kommt nur in Suz und S-chanf vor. Pall. Ort. 22.

³ Pallioppi gebraucht oft *aivla*, nicht etwa eine alte Form = avila, sondern einfach eine unrichtige Orthographie für *érla*. — *Leava* als Verb kommt auch bei Frizzoni vor.

vangonts da guardar ancuntur tschiel (Steff. Gabriel); im M.Krieg *rangianlamaing* vergeltend. *Vingiau* und *rangonts* sind also Participia eines Zeitworts *ringiar, rangiar = rindicare*. Aus *ringiau* ist dann ein Substantiv entstanden = das, worauf man Anspruch machen kann, Verdienst.

**IX, 6.** *Der our* geschehen, ausfallen, auch *que pô bain der* das kann wohl geschehen. *Der aint* IV, 6 einstürzen. *As der giô cun* fögl d'Eng. nach dem Deutschen *sich abgeben mit*. *Der causa cha* (Papa) vorgeben. *Der del pé* den Fuss bewegen, *der in ögl, der a mantun* zu Haufen schlagen Tob. 684.

**IX, 7.** *Fadschain* jetzt *fain*.

**XI, 6.** *Bôd* bald, surselvisch *bauld*, wie *guauld* Gewalt. *Scumbôt, cumbôt; schonbôt* Tob. sobald.

**XII, 1.** *Fich, fichun.* Hängt dieses Wort mit dem in der franz. Volkssprache so üblichen *fichu, fichument* zusammen, von *ficher,* wie deutsch *durchtrieben?*

*Adalaed,* surselvisch *adalaid,* vom deutschen *Leid,* indem aus der Redensart *fer da laed* das häufig vorkommende *dalaed* entsprang, ungefähr wie frz. *lierre* aus *le ierre;* durch die beliebte Prosthese des *a* ist daraus *adalaed* geworden.

**XII, 5.** *Chüra.* Betontes lat. *û* wird zu *ü: salüt, virtüt, müda* 
**a.** mutat, *üttel* Nutzen, *daschüttel* (disutilis), *müt, spüda* sputum, *dür, il mür* murus und *la mür* murem, *collüra* Feld, cultura, *natüra, spür* purus, *püllesch* pulicem, *füm, mülla* etc. *Umen,* ital. *ume = üm: flüm,* Mehrzahl *flümns; aldüm* Ps. p. 280 ald. per ingraschaer la terra.[1]

In einzelnen Wörtern ist *ü* durch die Nachbarschaft eines *g, ch, sch, s, j, gl,* zu erklären: *sü* sus, *güzz* acutus, *sgür* securus und securis, *s-chüd* scutum, *s-chür* obscurus, *bügl* Trog.

---

[1] Lat. *tüdin = dun* für *tudn: s-churdun* Dunkelheit fem. und daraus noch eine weibliche Form *ûna: suldüna* Tob. 79 = solitudin-a, *veglduna* Alter.

bulga, *güst*, *güstra* Kampf, *gůla* (jutat), *chüra*, *chüna* cuna,
*paschüra* pastura, *süj*, früher *züich* Pl. und Friz., *züch* succus;
*eau tschüch* sugo; *glüsch* lucem, *iglümna* inluminat Ps., *glüna*,
*bütsch* Kuss, das gleiche Wort wie ital. *buco* kleine Oeffnung,
vergl. frz. *bec* = Kuss; *büschia* Ps. (busca), bûche; *gürel*
jubilum, *üja*, *uva*, *ua*, und *j* zur Hiatustilgung, wie bei *crüja*
für crua = cruda; — oder durch Einfluss eines lat. *i: dübi*,
*südi*, Ps., *dubi* bei Menni; *nürla* (nubila), *hümmel*[2]; — oder
eines lat. *c: düt* ductus, *frütt* fructus, *ütt* uctum für unctum,
wie *titt* von tictum = tinctum Ps. p. 621.

So kann auch *ü* Umlaut von engad. *u* sein für lat. *ö:*
*imgiüra* (alt) mejorat = meliorat.

Ausnahmen: *cumön*, *spargioer* perjurus Pl.; und Fälle
mit *uo* in ladinischer Position.

Lat. *u* in Position geht gewöhnlich, als dumpfer *u* Laut, **b.**
in **uo** über[3]: *ruolp*, *cuolpa* (*coulpa* Ps. p. 467), *aruonda*
abundat und Adverb, *succuors*, *suolch* sulcus, *puogn*, *puonch*
punctum, *zuolper* sulphur, *utuon* autumnus, *uors* ursus, *suot*
subtus, *arduond* rotundus, *tuorp*, *fuorcla* furcula, *puolvra*,
*tuor*, *cuors*, *fuonz* fundus, *buoch* (bucca), *suord*, *ruott*, *miguogl*

---

[2] Lat. *uri* wird zu *uir* oder *uoir*. Hieher gehören eigentlich die
pag. 29, Anm. 1, angeführten Beispiele, auch (Ascoli) *avuoira* Papa und
Planta, schon von Carisch als auguriat erklärt (auguirat für auguriat,
gerade wie *savoirer* Tobia 289 = saporiare); *avuoirer* anwünschen.
Die Ableitung *uceus* (ucius), ital. *uccio*, gibt *utsch*, *üsch*: *murütsch*
von *mur* Mauer; *madrutscha* (Pathin) von mater; *vadrusch* von *veider*
(veraltet) Pall. poes. 3, 23. (*tutsch* Stoss, kommt von *tucher*.)
[3] Auch in ladinischer Position: *verguognia*, *puotz* puteus, *cuogn*
cuneus Ps.; bei den Verben, in betonter Sylbe. — *ue* in *contuerbel*
Ps. XXV wohl Druckfehler.
Ausnahmen in beiden Fällen: *som* summum, *inomber*, *somma*,
*ungla*, *tschunch* trunco, *vungia* Ps. Unrath; *aguagl* für *aguogl* (acuclus),
*puls*, *dutsch*, *muschna* Schutt; *juma* gebildet nach *juven*; und einige
Wörter mit *ü* und *üe*.

medulla (*y* = *il*, wie oft, z. B. *Guin* = *Dudingen* im Cant.
Freiburg), *anguoschia*, *spuory* Pl. spureus, *sadnol* satullus Ps.,
*buogl* (bullus) das Sprudeln Ps. p. 313. Mit *unde* ist *alnonder*
*onra* = daraus, P., gebildet. S. auch I, 7, c, Anm. 2. —
*uc-u-lus*, *uc-u-lum* wird zu *nogl*: *snuogl* genuclum, *pludly*
peduclus für pediculus mit *l* für *d* (Ps. p. 354); *agnoglia*
acucla Pall. poes.

c. Hier trifft man auch **üe** in einigen ganz gleichen Fällen,
doch meistens in ladinischer Position: *üerl* von *ürler* ululare,
*püergia* von *pürger* Ps. Ll. *chüerl* von *chürler* foltern, curru-
lare (Schuch. 37); — *füers* listig, diebisch Pall. poes. 2, 16;
von *fur*? — in den veralteten *füergia*, *ingüergia*, wovon die
Form *fürgia*, *ingürgia* auch bei Pl. und im Müsserkrg. vor-
kommt; — *müers* muros von *mür*. In allen diesen Fällen ist
*üe* eine leise Erweiterung des langen *ü*, also eine Ausnahme
von **b**, und nicht aus *uo* entstanden, das in diesen Wörtern
nie erscheint.

d. Lat. kurzes *u* bleibt. Ausnahmen: *plörgia* pluvia, *strür*
destruere; — bisweilen *uo* in ladinischer Position — und die
Fälle, wo es in *ü* übergeht.

XIV, 5. *Bger*, *bgear*, Adj. und Adv. auch hie und da *bler*, *blier*;
*baer* Wiezel Canz. sp., halte ich für dasselbe Wort wie frz.
*bigurré* (bunt = viel). *Bgerrüra* = bigarrure, altfrz. bigerrure:
*ua bgerrüra d'oggetts miraculus* C. v. Flugi p. 34. Ascoli
denkt an plerus (p. 102). Doch ist gewiss hier *g*, nicht *l*,
der ursprüngliche Consonant, denn *bger* ist schon im 16. Jahrh.
die Hauptform im Oberengadin.

XIV, 7. *Badent* eig. *badaint*, von *badenter* anfhalten, = Zöge-
rung. *As badenter* heisst auch »sich unterhalten«; *badent*,
im Sinne von *Kurzweil*, kommt in folgender Stelle vor: *Per*
*passer plü chöntsch al temp — et à meis ris-chius per der*
*badent*. Veltlkrg. 12; auch Tob. 743.

*Sumgiaunt* vom alten Zeitwort *sumgier*, jetzt *sumaglier;* **XV, 3.**
auch *lg sumgiauntamaing* (Papa). Das *u* der unbetonten Sylbe
wie in *tumer* = *timere*, bei Planta.

*Aesch* (II, 4, a) wird jetzt auch *ég*, fem. *éga* wie frz. **XVIII, 6.**
*déjà* ausgesprochen.

*Stenter*, ital. *stentare* von *abstentare* (Diez. etym. W.). In **XIX, 6.**
*ustent* XIV, 4, ist aber das *a* bloss vorgeschoben wie in *arîch*
VII, 2, *aque* für *que* III, 6, *ariginam* = *reginam* Reich,
*araspet* respectus, *araig* regem, *arain* ren, *arielmaing* real-
mente, *aróba* = *róba*, *arumauntsch* = *rumauntsch*, *aresü-
stanza*, *araulschun* = radschun, *aramischiun* remissionem,
*alatrô* litteratus (Papa und Planta). Jetzt noch häufig (Pall.
Ort. 99). Beispiele von Apherese des *a* sind *rognun* von
aranea, *bunder* für abunder, *güzz* acutus, *legrer* für *alegrer*,
*murûs* wie ital. moroso = amoroso, *miairel* = amiaivel Ps.

*Durchiö* ist die gleiche Zusammensetzung wie franz. **XIX, 7.**
*derechef.* Im 16. Jahrh. auch *da chiö* da capo.

### Anmerkung.

S. 30, oben: tmuoss wird auch tmuos geschrieben, aber auslautendes
s = ss.

Zu S. 45, Anm. 2: sbischaduoir Gestöber.

# Verzeichniss

## der betonten Vokale.

4

| | |
|---|---|
| **o , u** | für *óu* I, 7, a. |
| | für *úo* XII, 5, Anm. 3. |
| | für lat. *ó* I. 7, Anm. 1 — unter II, 3, b. |
| **ō** | I, 7, g — XII, 5, a Ausnahmen — unter d. |
| **ōi, iöi**<br>**oui, ioui** } | I, 7, Anm. 3. |
| **ōli** | I, 7, Anm. 1. |
| **ü** | XII, 5, a — unter c und d — I, 7, Anm. 4 —<br>unter VII, 3, g. |
| **ögu, ügu**<br>**oui, uni** } | unter I, 7, g. |
| **éi (ee)** | III, 1 — *ei* für lat. *ec*? III, 1. No. 3. |
| **ie** | VIII, 1, a — VII, 3, Anm. 10. |
| **éa** | VIII, 1, a — unter III, 5, 6. |
| **ia** | VIII, 1, Anm. 2. |
| **ieu** | zu III, 5, 6 und Anm. 2. |
| **eu = ō** | II, 3, Anm. 3. |
| **óu** | I, 7, a — für *ó* unter II, 3, b. |
| **úo, óu** | = lat. *o* I, 7, c, d — *úo* ibid. unter Anm. 1 —<br>*úo* = lat. *u* XII, 5, b, d — *óu* für *ó* II, 3.<br>Anm. 1. |
| **óu** }<br>**úo** } | verwechselt I, 7, e; auch unter XII. 5, b —<br>für *ó* II, 3, Anm. 1. |
| **ie** | I, 7, h — XII, 5. c. |
| **ia** | unter I, 7, h. |
| **oi** | unter XII, 5, Anm. 2. |
| **ui** | unter I, 7, Anm. 2 — XII. 5. Anm. 2. |
| **uoi** | unter XII, 5. Anm. 2. |

# Anhang.

## A.

Vulpius entnahm seine Beschreibung dem Berichte Fortunat's von Sprecher, welcher als Augenzeuge die Zerstörung des Dorfes Plurs folgender Weise erzählt: »Es war an einem Sonntag Abend, den 25. Aug. 1618, als ein Regen begann, der an Heftigkeit zunehmend, bis zum Donnerstag den 30. Aug. fortdauerte. Dieser ziemlich helle Tag schien eine Besserung des Wetters zu versprechen, aber während der folgenden Nacht kehrte der Sturm, in Begleitung von Donner und Blitz, abermals zurück und dauerte bis zur Morgendämmerung des 3. Sept., eines Montags. Der 4. Sept., ein Dienstag, war abermals heiter. Nach dem Mittage aber begannen auf der linken Seite der Maira, von dem Berge Conti, wo früher Lavezsteine gebrochen zu werden pflegten und wo nach Aussage der Bewohner von Uschione', eines weiter oben gelegenen Dorfes, schon seit 10 Jahren Risse und Spalten sich zeigten, Rüfen und Schlipfe herunterzubrechen, welche einige Weinberge bei Schilano in der Richtung nach Cleven zu, verschütteten. Da aber früher schon am nämlichen Orte dergleichen öfters vorgekommen war (denn die am obern Theile des Berges gelegenen Wiesen pflegten bewässert zu werden, und um den regelmässigen Abfluss des Wassers kümmerte man sich nicht sehr), so gaben die Plurser nicht Acht darauf, und diess um so weniger, als die fragliche Stelle unterhalb der Stadt, gegen Cleven zu lag. Wer übrigens zu jener Stunde dort mit Heuen beschäftigt war, fühlte die Erde unter seinen Füssen zittern. Zudem

mahnten einige Bauern von Roncaglia die Plurser dringend
ihre Stadt zu verlassen, da ein grosses Unheil bevorstehe.
Einer, welcher von Plurs mit Lavezsteinen kam, zeigte mir,
der ich damals das Commissariat zu Cleven bekleidete, das
nämliche an. Um die Stunde des Ave Maria befanden sich
die Katholiken in der Kirche St. Cassian, wo sie das Gebet
versammelt hatte. Auch die Evangelischen, deren es zu Plurs
und Schilano ungefähr 40 Personen gab, waren zu dem gleichen
Zwecke in einem Hause zusammengekommen. So meldeten
mir einige von Roncaglia, welche um jene Stunde von Plurs
heimkehrend, den Ort verlassen hatten. In der Dämmerung
selbst dann, während der Himmel im Lichte der halben Mond-
scheibe wolkenlos glänzte, stürzte der Berg Conti mit höchster
Gewalt und Krachen in einem Augenblicke (so berichtete ein
Weib, das auf der rechten Seite der Maira, auf einem benach-
barten Berge sich befand) ins Thal hernieder. Der Donner
tönte uns zu Cleven ähnlich der Explosion vieler grossen Ge-
schütze in die Ohren. So wurden das Dorf Schilano, das 78
und das Städtchen Plurs, welches 125 Häuser zählte, mit
930 Personen verschüttet. Als ich zu Cleven das Krachen
des Bergsturzes vernahm, sah ich, das Antlitz gegen Plurs
gewandt, den Rauch mit Schwefel und Feuer vermengt, gen
Himmel steigen. Obschon Cleven mehr als eine halbe Stunde
von Plurs entfernt liegt, wurde dennoch mein Hut von dem auf-
gewirbelten Staube bedeckt.

Die Gewalt des Sturzes aber war so gross, dass der Thurm
der Kirche St. Maria, wo die Evangelischen ihren Gottesdienst
zu halten pflegten, von dem jenseitigen oder linken Ufer der
Maira, durch die Luft auf das rechte geschleudert wurde.
Merkwürdig genug, blieb dabei eine Glocke ganz, während man
die Trümmer und Stücke derjenigen der Thürme zu St. Cassian
und St. Johann später aufgefunden hat. Eine Marmortafel mit
dem eingehauenen Wappen des Hieronymus Lumaga, welche

über der Thüre seines auf dem rechten Ufer der Maira gele-
genen Hauses befestigt war, wurde durch die Gewalt des
Sturzes auf die linke Seite des Flusses hinüber geworfen und
dort wieder gefunden. Denn weil der Berg mit entsetzlicher
Wucht herniederdonnerte, das Thal in der Sohle aber sehr
eng war, so wurde ein Theil des Schuttes an der Seite des
gegenüber liegenden Berges hinaufgeworfen, wendete sich in
der Luft wieder um und fiel wieder auf der ursprünglichen
Seite des Flusses nieder. Dieser selbst wurde 2 Stunden lang
in seinem Laufe gehemmt, wodurch zu Cleven wegen eines
zu fürchtenden plötzlichen Durchbruchs desselben Alles in die
höchste Angst und Besorgniss gerieth. Doch fand der end-
liche Abfluss, nachdem das aufgestaute Wasser einen See
von einer $\frac{1}{4}$ Stunde Länge gebildet, ohne Unglück statt. Der
Bergsturz selbst erstreckte sich $\frac{1}{2}$ Stunde weit, war an Breite
unbedeutend und die Höhe seines Schuttes ungewiss.

Aus dem Sturze selbst vermochte Niemand lebend sich
zu retten .... Joh. P. Vertemann war eben mit den Seinigen
aus dem Städtchen in der Richtung nach dem Dorfe St. Croce
gegangen, als ihm beifiel, dass er seine Hausthüre zu schliessen
unterlassen hatte. Seine zu diesem Zwecke in das Städtchen
zurückgesandte Tochter fand ebenfalls ihren Tod. Als ich am
folgenden Tage, es war Mittwochs, in Begleitung Vieler die
verschüttete Gegend, um die Todten auszugraben, besuchte,
fanden wir auf der Oberfläche der Steinwüste die Leichname
zweier Mädchen, von welchen das eine als die Tochter des Joh.
Andr. Nasan, Podestà zu Plurs, das andere als diejenige des
Joh. Ant. Galisoni erkannt wurde. Die Leiche des Laurentius
Scandolera, der auf der linken Seite der Maira eben zu Nacht
gespeist zu haben schien, wurde mit der Serviette um den
Hals und den wegen der Handgicht noch verbundenen Fingern,
aufgefunden. Der Leichnam Jan Christoffel's, eines Fuhrmanns
von Obersaxen, der zu Plurs Wein eingekauft hatte, fand sich

unter einem Feigenbaum bis zu den Lenden über der Ober-
fläche sichtbar. Drei Monate später traf man auf W. Verte-
mann, der noch im Lehnstuhle sass. Eine Dienstmagd wurde,
das halbgerupfte Huhn noch in der Hand, und ein Stück Brod
unter dem Arme haltend, hervorgegraben.

Wie durch Gottes Fügung mussten gerade um diese Zeit
viele auswärts sich aufhaltende Plurser, gleichwie zum gemein-
schaftlichen Leichenbegängniss heimkehren. Von der Familie
Vertemanno Franchi befanden sich sieben erwachsene Glieder
im Städtchen. Nicolaus, welcher im Oberengadin das Sauer-
wasser trank, war Mittags am Dienstage selbst nach Plurs
gekommen, Joh. Battista am nähmlichen Tage von Roncaglia
und Ottavio, mit seiner Gattin, kaum eine ¼ Stunde vorher
aus Delebbio im Veltlin zum gemeinsamen Tode angelangt.
Einige vom Markte zu Bergamo heimkehrende Plurser Kauf-
leute, wurden nicht in der Stadt selbst, nach der sie eilten,
sondern schon ganz in deren Nähe verschüttet. Schon seit
zwei Tagen, und auch an demjenigen des Bergsturzes selbst,
waren die Bienen in den benachbarten Orten, wie Castasegna,
Villa und den Häusern der Scatano und Pyrario aus ihren
Körben weggeflogen.«

# B.

*Üna chianzun spirituaela, fatta traes me*
*Jo. L. Gritti.*

## 1.

Lg temp ais ardaint, o Christantaet,
Chia lg filg da Dieu vain gniand
Cun granda glüergia e maiestaet.
Quel vain tuots jüdichiand.
Cò vain lg arir chiner à custaer,
Cur tuot traes lg foe stou s'cussümaer,
Scò ns vain San Pòl scrivand.

## 2.

Cò vain in tuots chiantuns dalg muond
Cun tübbas as sunaer.
Dieu vain tuots christiauns bain znond
Avaunt se à clamaer.
Cò vain la moart as inschnuir,
Cur ch'ella stou da noef udir
Chia l'chiarn dess resüstaer.

## 3.

Sententia lg Jüdisch vain fadschand
Sur tuotta chiarn humauna.
Taunt viffs cò moarts vain jüdichiand;
Nun ais paraevla vauna.
Tschiert à scodün vain à gnir dò.
Suainter ch'el s'hò dapurtò,
U vaira alegrezchia ù paina.

#### 4.

M'dô seinchia Trinitaet agiůd,
Cur ch'eau stou comparair;
Traunter ls Elects ch'eau m'chiatta scritt,
Tia gratia m'fô havair.
Per che sch' tů gnist à m'chiastiaer
Zieva mieu' miert, neir gratia à m'faer,
Schi fůss eau pers per lg vair.

#### 5.

Che gniss eau, pouver pchiaeder dschand
Avaunt lg bannch d'la radschun?
Chi gniss per me mieu plaed fadschand
Avaunt lg eutischem Thrun?
Sch'eau nun havess lg Salvaeder mieu,
Christum, chi hô la moart sustgnieu
Per me e per scodůn.

#### 6.

Per che sch'eau pûr m'impais d'meis pchiôs,
Stramizi grand am vain.
Mů sch'eau m'algoard chia sun paiôs,
D'algrezchia sun eau plain.
M'agiůda, mieu dutsch Signer chiaer.
Cun te ch'eau poassa saimper staer
In tuotta algrezchia e bain.